GESTIÓN DEL TIEMPO PARA DIRECTIVOS

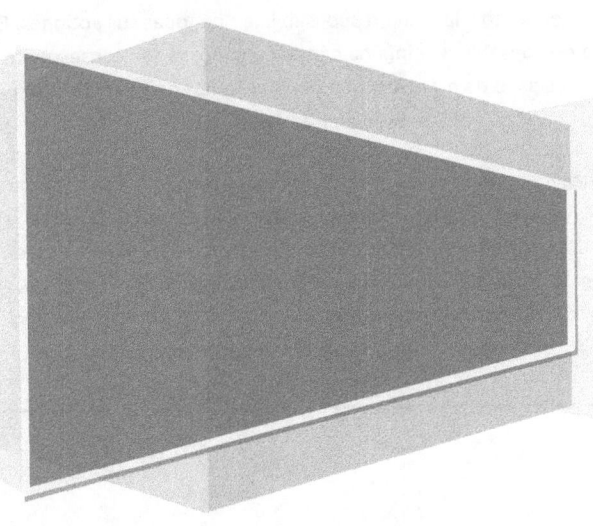

GESTIÓN DEL TIEMPO PARA DIRECTIVOS

Serie " Habilidades directivas para directivos "
Por: D.K. Hawkins
Versión 1.1 ~Septiembre 2021
Publicado por D.K. Hawkins en KDP
Copyright ©2021 por D.K. Hawkins. Todos los derechos reservados.

Ninguna parte de esta publicación puede ser reproducida, distribuida o transmitida en cualquier forma o por cualquier medio, incluyendo fotocopias, grabaciones u otros métodos electrónicos o mecánicos, o por cualquier sistema de almacenamiento o recuperación de información, sin el permiso previo por escrito de los editores, excepto en el caso de citas muy breves incorporadas en reseñas críticas y algunos otros usos no comerciales permitidos por la ley de derechos de autor.

Quedan reservados todos los derechos, incluido el de reproducción total o parcial en cualquier formato.

Toda la información contenida en este libro se ha investigado cuidadosamente y se ha comprobado su exactitud. Sin embargo, el autor y el editor no garantizan, expresa o implícitamente, que la información contenida en este libro sea apropiada para cada individuo, situación o propósito y no asumen ninguna responsabilidad por errores u omisiones.

El lector asume el riesgo y la plena responsabilidad de todas sus acciones. El autor no será responsable de ninguna pérdida o daño, ya sea consecuente, incidental, especial o de otro tipo, que pueda resultar de la información presentada en este libro.

Todas las imágenes son de uso gratuito o han sido adquiridas en sitios de fotografías de stock o libres de derechos para uso comercial. Para la elaboración de este libro me he basado en mis propias observaciones y en muchas fuentes diferentes, y he hecho todo lo posible por comprobar los hechos y dar el crédito que corresponde. Si se utiliza algún material sin la debida autorización, le ruego que se ponga en contacto conmigo para corregir el error.

La información proporcionada en este libro tiene únicamente fines informativos y no pretende ser una fuente de asesoramiento o análisis crediticio con respecto al material presentado. La información y/o los documentos contenidos en este libro no constituyen un asesoramiento legal o financiero y nunca deben utilizarse sin consultar primero con un profesional financiero para determinar qué puede ser lo mejor para sus necesidades individuales.

El editor y el autor no ofrecen ninguna garantía ni promesa sobre los resultados que puedan obtenerse al utilizar el contenido de este libro. Nunca debe tomar ninguna decisión de inversión sin consultar primero con su propio asesor financiero y realizar su propia investigación y diligencia debida. En la medida en que lo permita la ley, el editor y el autor declinan toda responsabilidad en caso de que la información, los comentarios, los análisis, las opiniones, los consejos y/o las recomendaciones contenidos en este libro resulten ser inexactos, incompletos o poco fiables, o den lugar a pérdidas de inversión o de otro tipo.

El contenido de este libro no pretende constituir ni constituye un asesoramiento jurídico o de inversión y no se establece ninguna relación abogado-cliente. El editor y el autor proporcionan este libro y su contenido "tal cual". El uso que usted haga de la información contenida en este libro es por su cuenta y riesgo

ÍNDICE DE CONTENIDOS.

ÍNDICE DE CONTENIDOS. 4
INTRODUCCIÓN. 6
CAPÍTULO 1 10
    La importancia de la gestión del tiempo para los directivos.
.... 10
CAPÍTULO 2 16
    Gestión de las interrupciones para la finalización de las tareas. 16
CAPÍTULO 3 22
    Gestión del tiempo en las actividades de grupo. 22
CAPÍTULO 4 26
    Necesita una lista de tareas más eficaz. 26
CAPÍTULO 5 29
    Enlace a la gestión del tiempo y la energía. 29
CAPÍTULO 6 33
    Gestionar las expectativas y el tiempo. 33
CAPÍTULO 7 37
    Gestión del tiempo y puntualidad. 37
CAPÍTULO 8 40
    Planificar lo inesperado. 40
CAPÍTULO 9 44

Efecto de las llamadas en frío en la gestión del tiempo para los directores de ventas. 44

CAPÍTULO 10 49

Priorización y gestión del tiempo. 49

CAPÍTULO 11 53

Utilice el software de gestión de proyectos para planificar su proyecto y ahorrar tiempo. 53

CAPÍTULO 12 56

Gestión del tiempo para directivos y empleados. 56

CAPÍTULO 13 61

Consejos para ayudar a los directivos a gestionar su tiempo de forma más eficaz. 61

CONCLUSIÓN 68

INTRODUCCIÓN.

Sin duda, muchas personas creen que el tiempo es el recurso más valioso. Como dijo Harvey MacKay, "el tiempo es gratis, pero no tiene precio"; todos y cada uno tienen la misma cantidad cada día, pero el tiempo adicional no se puede comprar.

Aunque el tiempo es importante para casi todo el mundo, los directivos lo entienden mejor que nadie. Para ellos, el tiempo es esencial. Si un directivo o gerente pudiera hacerlo todo solo, lo haría. Sin embargo, no hay suficientes horas en el día y, dependiendo del tipo de negocio que posean o ayuden a dirigir, solicitarán la ayuda de otros empleados para llevar a cabo todo lo que hay que hacer.

Desgraciadamente, muchos directivos caen en una trampa: desean invertir en la gestión del tiempo pero no disponen de él. Por tanto, ¿por qué es importante la gestión del tiempo para los directivos?

Alguna vez te has visto presionado y abrumado hasta el punto de tomar una decisión precipitada que no era la mejor?

Con tiempo adicional, un directivo puede dedicar más tiempo a la toma de decisiones, pensándolas a fondo y con detenimiento, y prestándoles la atención que necesitan. Una mala selección puede dar lugar a un problema enmarañado que, como se puede prever, necesitará más tiempo para resolverse.

Con menos tiempo, los proyectos recibirán menos atención. Esto puede dar lugar a que se cometan errores, que habrá que corregir más tarde. Un mayor tiempo dedicado a un proyecto puede dar lugar a un producto de mayor calidad, un trabajo de mayor nivel y consumidores o clientes más satisfechos.

Un método para liberar su tiempo es enseñar y delegar a otros, permitiéndoles asumir responsabilidades adicionales. El tiempo que se ahorra se puede utilizar para ayudarles con cualquier problema que surja.

Ayudar a sus empleados mejorará su productividad, aprecio, lealtad y satisfacción general.

Alguien que ya está sobrecargado de trabajo tendrá dificultades para reaccionar adecuadamente. Si tiene más tiempo libre y las prioridades cambian, deberá adaptar a las personas, las cargas de trabajo y los proyectos pertinentes para que realicen eficazmente cualquier tarea que les exija.

Una de las tareas más difíciles para un directivo es determinar qué asignar y qué mantener. Lo mejor sería que tuviera la confianza necesaria para confiar a alguien un trabajo importante. Se sorprenderá del resultado si puede probarlo.

Sin embargo, no se pueden asignar tareas específicas (o no se deben asignar), por lo que hay que mantener el control sobre los elementos cruciales y delegar el resto. Esto libera tiempo para centrarse en las tareas más importantes de la empresa.

Esta GUÍA se centra en los beneficios de la gestión del tiempo para los directivos para la consecución de objetivos y la realización de tareas.

Feliz lectura.

CAPÍTULO 1

La importancia de la gestión del tiempo para los directivos.

Los directivos de las empresas necesitan gestionar su tiempo de forma eficaz en el vertiginoso mundo empresarial actual. Esto puede suponer un reto importante para muchos directivos, dado el nivel de presión al que se enfrentan. Debido a esta circunstancia, los directivos deben emplear técnicas eficaces de gestión del tiempo para completar sus tareas y rendir con eficacia.

La forma más eficaz de gestionar tu tiempo es planificarlo. Este plan se organiza en torno a dos criterios principales: lo que necesitas lograr y el tiempo disponible. El aspecto más importante de la gestión del tiempo es tenerlo controlado. Tener el control de tu tiempo te permite completar las tareas que tienes a mano dentro de los plazos que has establecido.

Para alcanzar este nivel de control, hay que planificar. La planificación implica la identificación de las tareas necesarias para alcanzar sus objetivos. Identificar las tareas que deben realizarse y estimar el tiempo necesario para completar cada tarea.

El componente más importante de la gestión del tiempo es la capacidad de predecir o estimar la duración de cada tarea. Si las tareas son bastante grandes, tendrás que dividirlas en trozos más pequeños y asignar a cada uno un horario diferente.

Si algunas de las tareas son desconocidas y nunca las ha realizado antes, la estimación del tiempo necesario para completarlas puede ser más difícil. Para calcular el tiempo necesario, puede utilizar datos históricos o compararlos con tareas similares.

Una vez que haya dividido las tareas en etapas y haya determinado el tiempo que llevará cada una, tendrá que priorizar qué tareas deben completarse primero. Para ello, asigne un nivel de prioridad a cada tarea.

El método más utilizado es el uso de letras. Éstas pueden estar codificadas por colores o por orden alfabético. Así, las tareas más importantes pueden designarse como prioridad A, mientras que las menos importantes se designarán como B, C o D.

Lo que es importante y lo que es urgente.

Como nuevo directivo, probablemente esté aumentando su nivel de estrés de forma significativa al confundir los conceptos de urgencia e importancia. Para analizar lo urgente y lo importante, permítame recorrer los cuatro cuadrantes y explicarle las distinciones.

Cuadrante 1: importante y urgente.

Por supuesto, yo no puedo decirte lo que entra en ese cuadrante como gestor, pero tú sí. Considere las tareas de su lista de tareas diarias en este momento y pregúntese si son importantes o urgentes. Las tareas urgentes añaden automáticamente estrés, y además tienen una alta prioridad en tu jornada laboral, independientemente de que estén justificadas.

Cuadrante 2: importante pero no urgente.

Por ejemplo, un elemento de este cuadrante podría ser un informe importante que tiene que elaborar. Sin embargo, como no tiene que realizarlo hasta dentro de dos o tres semanas, no es urgente, todavía.

Cuadrante 3: importante pero sin importancia.

Este cuadrante es la fuente de todo el estrés innecesario. El hecho de que algo sea urgente para otra persona no significa que sea urgente para ti. Aquí es donde asumimos las prioridades de otras personas y tratamos de suplir las carencias de los demás. Ten mucho cuidado a la hora de determinar qué parte de tu trabajo entra en este cuadrante.

Cuadrante 4: no importante y no urgente.

Considérelos cuidadosamente. Ocasionalmente, alguien creará y presentará un informe de forma constante durante muchos años, y nadie se dará cuenta de que ha perdido su relevancia o importancia!

Por tanto, puede seguir haciéndolo, pero no es necesario ni urgente. Si sospecha que este es el caso, discútalo con la persona a la que se lo envía y determine una forma más eficaz de transmitir la información.

La realidad es que si algo está en este cuadrante, si no es importante o urgente, ¡debes dejar de hacerlo! Algunos creen que la mayor parte de tus esfuerzos deben dirigirse a las tareas del cuadrante 1, pero me temo que tengo que discrepar.

Prefiero pensar que la mayoría de mis actividades pertenecen al cuadrante 2: importantes pero no urgentes. Si ese informe importante no está previsto hasta dentro de dos o tres semanas, ahora tengo tiempo para completarlo correctamente, y con el esfuerzo que necesita sin sucumbir al pánico.

Por lo tanto, si concentra su tiempo y esfuerzo aquí, muchas tareas nunca llegarán al Cuadrante 1 porque se completarán antes de que se conviertan en urgentes, algo que usted desea como gestor.

Por lo tanto, eche un vistazo a su lista actual de tareas pendientes y clasifique cada elemento según uno de estos cuadrantes. Hágalo a diario y le ayudará a determinar la importancia relativa y la urgencia de cada elemento de su lista. Esto también le ayudará a completar las tareas importantes a tiempo y a reducir significativamente su nivel de estrés.

CAPÍTULO 2

Gestión de las interrupciones para la finalización de las tareas.

Como probablemente hayas descubierto, las interrupciones son una parte natural del día de un directivo. En este capítulo, me gustaría compartir una herramienta específica que me ha ayudado a completar muchas tareas importantes a tiempo y con menos estrés. Se llama el TIEMPO DE TRANQUILIDAD.

Tienes que escribir un informe y el plazo se acerca rápidamente. Lo has empezado muchas veces, pero nunca has conseguido un trozo de tiempo suficiente para terminarlo, y todas esas distracciones hacen que sea difícil volver a centrar tu atención en la tarea que tienes entre manos.

Ahora, ¿cuánto tiempo necesitarás para completar la tarea? ¿Media hora? ¿Qué tal dos horas? ¿Medio día? Decide esto primero y programa esa cantidad de tiempo.

Ahora que sabes que vas a trabajar en el informe durante ese periodo, debes informar a los demás para que respeten tu tiempo de tranquilidad. Envía un correo electrónico con el asunto.

"De las 9 a las 11 de la mañana del jueves, necesito tiempo de silencio. Agradecemos su colaboración."

Si recibe la visita de alguien que no vio el correo electrónico, coloque un cartel con el mismo mensaje en su puerta cerrada. La mayoría de las personas con las que hablo de esto no esperan que funcione y se sorprenden al descubrir que sí lo hace en la mayoría de los casos. La razón es que otros desearían haber pensado en ello también!

Naturalmente, algunas personas harán caso omiso de su mensaje y entrarán directamente. Si eso ocurre, evite levantar la vista de su escritorio u ordenador. Simplemente intensifique su atención en lo que está haciendo para que sea más evidente. Escribe algo, cualquier cosa, si tus dedos se ciernen sobre el teclado. Puedes borrarlo después si escribes algo estúpido, pero transmite tu mensaje de trabajo.

A menos que alguien hable, no responda a no ser que sea el presidente de la empresa o su supervisor inmediato. Siga escribiendo a máquina. Al final entenderán y dirán algo brillante como: "Veo que estás ocupado."

En ese momento, reconozca que tiene un plazo de entrega y que no es el momento de conversar. En la mayoría de los casos, basta con preguntar si puedes llamarlos cuando hayas terminado.

Dado que las interrupciones se citan a menudo como una fuente importante de estrés en el lugar de trabajo, lo mejor es que desarrolles estrategias para lidiar con ellas que funcionen para ti. Te aconsejo encarecidamente que programes un tiempo de tranquilidad.

Sin embargo, esta es una de esas herramientas que no debe usarse en exceso, o perderá su eficacia; por lo tanto, guárdela para los momentos en que realmente la necesite, y estará entre las herramientas valiosas de su caja de herramientas de gestión.

Como gestor, sobre todo si es nuevo en el cargo, puede sentir que no puede completar su trabajo debido a las constantes interrupciones de los miembros de su equipo. Tiene la sensación de que sus empleados siempre entran en su despacho e interrumpen su hilo de pensamiento, ya sea con una pregunta, una solicitud de información o una simple ayuda.

Son una parte necesaria de su trabajo como directivo, y debe contar con algunas estrategias para llevarlas a cabo de forma eficaz, evitando al mismo tiempo el descarrilamiento de su agenda. He aquí tres técnicas que le ayudarán a convertir las interrupciones en oportunidades de coaching y a minimizar el tiempo que consumen.

1. Asistir e ir directamente al grano.

Si alguien empieza a entrar en excesivos detalles, proporcionándole el "play by play" de cómo surgió la situación, simplemente levante la mano en la señal universal de "stop" e interrumpa. Infórmele de que reconoce un problema y pregúntele cómo quiere que le ayude. A continuación, espere la respuesta. Esto les obligará a ser más específicos en cuanto a la ayuda que necesitan, algo que quizá no hayan considerado antes de dirigirse a ti.

2. Ayudarles a determinar la solución.

Pregunte qué creen que deben hacer. Luego, una vez más, espere la respuesta. A veces la gente tiene una idea de cómo resolver un problema. Sin embargo, nunca se les ocurre mencionarlo o simplemente lo intentan porque automáticamente creen que deben delegar sus problemas en ti como su jefe.

Sin embargo, al solicitar sus ideas, les animas a pensar y a aportar sus ideas al problema. Se trata de un método para desarrollar las habilidades de su personal y resolver los problemas.

3. Poner como condición el acuerdo.

Una vez que hayas empezado a animar a la gente a resolver los problemas de esta manera, haz que ofrecer una solución sea una condición de su "contrato" contigo cuando busquen ayuda.

En otras palabras, transmítales que también deben estar preparados para ofrecer una posible solución cuando le planteen un problema. Puede que no sean las soluciones óptimas, pero proporcionan una base para desarrollar una solución que se aplicará.

Aunque la puesta en práctica de estas sugerencias no eliminará las interrupciones, le ayudarán a afrontarlas con mayor eficacia y eficiencia, tanto en lo que respecta a la gestión del tiempo como al desarrollo profesional.

CAPÍTULO 3

Gestión del tiempo en las actividades de grupo.

Si crees que la gestión del tiempo es compleja por ti mismo, ¡espera a gestionar el tiempo de las actividades en grupo! La verdad es que no es mucho más difícil en sí mismo porque sigues utilizando las mismas estrategias; las personas adicionales se suman a la mezcla y pueden crear estragos a veces. Por lo tanto, este capítulo sobre la gestión del tiempo para actividades de grupo se centrará en la adaptación de sus estrategias a las necesidades de los grupos.

Se trata de la gestión tradicional del tiempo o de la gestión de tareas. Para empezar, puedes utilizar realmente cualquiera de las dos estrategias con actividades de grupo. Sin embargo, a menos que trabajes con un pequeño grupo de personas en un solo proyecto, la gestión de tareas puede ser más complicada que la gestión del tiempo (porque este último sistema es extremadamente bueno para organizar a varias personas que trabajan juntas).

Usted conoce mejor que yo la dinámica de las actividades de grupo sobre las que piensa. En consecuencia, las siguientes sugerencias serán algo amplias.

Para empezar, lo importante es reunir a todos y mantenerlos en el camino. En contra de la creencia generalizada de que hay demasiados directivos, compartir el plan e informar a los asistentes de lo que pueden esperar durante una reunión es beneficioso para todos los implicados. El simple hecho de conocer los pasos de la reunión suele ayudar a la gente a escapar del pensamiento crónico de "cuándo acabará esta reunión".

Sin embargo, muchas personas llegan a las reuniones con agendas predeterminadas. Es importante establecer los tiempos de los eventos y dejar tiempo al final para que la gente plantee sus puntos.

Del mismo modo, en muchos casos, programar los eventos en un estado de intensidad creciente es muy beneficioso. Ya sabes, para que la reunión no se sienta como una mezcla emocional y cognitiva caótica.

Por ejemplo, si quieres hablar de la limpieza de la sala de descanso, de la participación en un torneo benéfico de softball, de los objetivos de ventas de esta semana o de una competición por las mayores ventas, pero otro miembro de tu equipo quiere hablar de una nueva idea para aumentar las ventas que ha descubierto gracias a un experimento de campo, un orden del día ayudaría a mantener a todo el mundo en el buen camino. Ese orden funcionaría bien porque priorizaría los temas y aumentaría la intensidad a lo largo de la reunión.

Aunque la mayoría de las personas se quejan de los grandes problemas asociados a los grupos: no pueden mantener la concentración, la gente habla fuera de turno, las tareas no se completan y los temas se eternizan. Todo esto puede evitarse con un poco de trabajo previo. Ahora que te he proporcionado dos componentes importantes de ese trabajo previo, sal ahí fuera e inténtalo. Lo que puede salir mal?

Así es: anarquía, desorden, ranas lloviendo del cielo. Aunque lo más probable es que no sea así, e incluso puede ayudarte a dirigir actividades de grupo más eficaces.

CAPÍTULO 4

Necesita una lista de tareas más eficaz.

Aunque a menudo se considera una herramienta indispensable para la gestión del tiempo, la típica lista de tareas pendientes es casi inútil, especialmente para los directivos, debido a la forma en que está estructurada y se utiliza.

Como gestor, necesitas una estrategia eficaz de gestión del tiempo, que comienza con una lista de tareas pendientes eficiente. Por tanto, ¿qué tiene de malo la lista convencional? Muchas cosas.

Para empezar, suele ser simplemente una lista de tareas que hay que completar. Empiezas anotando todas las tareas que se te ocurren y que te gustaría realizar hoy, y cuando terminas, tu lista es probablemente tan larga como tu brazo. Eso no es una lista de tareas, es una ilusión!

Algunos elementos tardarán dos minutos en completarse, mientras que otros tardarán dos horas, y algunos SE SUPONE QUE TARDAN DOS MINUTOS PERO ACABAN TARDANDO DOS HORAS. Sin embargo, todos ocupan la misma línea en la lista de tareas, así que ¿cómo se puede determinar el número de elementos que constituyen un objetivo diario razonable?

La respuesta es sencilla, pero a veces se ignora. Examine su lista cuidadosamente, calcule cuánto tiempo le llevará cada elemento y sea conservador con sus estimaciones. Intente programar ese tiempo a lo largo del día, y si suma 15 horas, no lo hará sin más. Te estás preparando para el fracaso y ya estás derrotado antes de empezar.

Por otra parte, esta técnica le obliga a reducir su lista a los elementos que deben ser completados inmediatamente y a relegar el resto a un día posterior o incluso a la pila de la delegación.

Otro consejo: incluya un "margen de maniobra" en su presupuesto. Suponga que calcula que una tarea le llevará 30 minutos; presupueste 45 minutos. Esos quince minutos adicionales pueden servir para aliviar la tensión del día.

Ahora sólo tienes que programar las tareas del día y empezar a trabajar en ellas una a una.

Para ser sinceros, esto también es un poco una quimera, porque incluso con los mejores preparativos establecidos, los imprevistos perturbarán su agenda. Sin embargo, el simple hecho de contar con una estrategia realista contribuirá en gran medida a proporcionarle esa agradable sensación de éxito al final del día.

CAPÍTULO 5

Enlace a la gestión del tiempo y la energía.

Existen muchas herramientas y técnicas de gestión del tiempo que le ayudarán a gestionar su tiempo de forma más eficaz. Son necesarias, pero por sí solas son insuficientes. Debes integrar la gestión del tiempo y la energía. Puedes tener las mejores listas de tareas, hojas de tareas, hojas de trabajo y organizadores de tareas prioritarias, todo lo cual es necesario.

Sin embargo, si tu nivel de energía baja y empiezas a sentir la tensión de esas pesadas tareas, estos factores acabarán afectándote física, mental y emocionalmente. Necesitas un sistema que minimice las cargas de trabajo y gestione eficazmente tu energía para hacer frente a las limitaciones de tiempo.

Consejos importantes para la gestión de la energía:

1-Reduzca las distracciones y las interrupciones: Las distracciones no sólo son una pérdida de tiempo, sino que también pueden minar tu energía. Una vez que te hayas concentrado en una sola tarea, querrás minimizar o eliminar las interrupciones. Cierra la puerta. Desconéctate de Internet y apaga también tus teléfonos.

Aunque la tecnología es beneficiosa en muchos sentidos, hay momentos en los que es necesario desconectar de la televisión, el ordenador, el smartphone y otras distracciones. Si las distracciones son inevitables, intenta programarlas en tu lista de tareas. De este modo, podrás atenderlas con menos urgencia sin que interfieran en tu trabajo.

2-Organice su entorno/condiciones de trabajo: Organizar su espacio le permite reducir su nivel de estrés y concentrarse más eficazmente en su trabajo. Asegúrese de que su área de trabajo está bien organizada y es adecuada para el tipo de trabajo que realiza.

Disponga su escritorio de forma que esté orientado hacia el exterior del flujo de tráfico. Ordena tu mesa y elimina los archivos innecesarios, guardando sólo lo necesario para el trabajo. Debe crear un entorno ordenado. Algunas personas necesitan un entorno tranquilo para concentrarse. Otras pueden trabajar mejor si están acompañadas de música. Determine qué es lo más beneficioso para usted.

3-Organiza tu trabajo en función de tu nivel de energía: Puede que a veces te sientas con energía y otras no. A veces, tu nivel de energía puede estar agotado, o tu actitud puede estar apagada. Eres un ser humano. A veces, puede sentir que no hacer nada es lo mejor. Cada persona tiene un horario de energía diferente. Algunas personas son matutinas.

Otros son nocturnos. Una estrategia para gestionar los niveles fluctuantes de energía es determinar su nivel óptimo de energía y programar sus tareas principales en consecuencia. Puedes programar las tareas rutinarias para tus periodos de baja energía. Aproveche al máximo su ciclo de energía.

4-Haga repetidas pausas cortas y descanse durante unos 5 minutos fuera de su tarea. Cada 60-90 minutos, haga una pausa. Aumente sus descansos siempre que note signos de agotamiento, como bostezos, inquietud o incapacidad para concentrarse.

5- Condicionamiento mental: Debes superar la creencia de que no tienes suficiente tiempo. Es cierto que el tiempo se acorta como consecuencia de nuestro ritmo de vida acelerado. Es cierto que el ritmo frenético de la era digital del siglo XXI ha elevado el tiempo y la energía a productos muy demandados. Sin embargo, esta creencia limitante consume más energía, lo que se traduce en una disminución del rendimiento.

El tiempo es un concepto mental. Es esencial tener una actitud mental positiva hacia el tiempo. Es la aceptación del hecho de que tienes el control de tu día. Desarrollar la capacidad de gestionar nuestro tiempo de forma eficaz y con energía mejorará nuestro rendimiento, nuestra salud y nuestra felicidad.

CAPÍTULO 6

Gestionar las expectativas y el tiempo.

Gestionar las expectativas es la primera y más importante lección de cualquier programa de gestión del tiempo para directivos. Si puede mantener bajo control las expectativas que se le imponen (tanto las suyas como las de los demás), podrá evitar sentirse abrumado. Puedes determinar lo que se puede lograr en el tiempo disponible y lograr realmente lo que te propones.

Puedes eliminar elementos de tus listas de tareas si son razonables. Puedes evaluar tu capacidad, hacer promesas sobre lo que puedes cumplir y cumplirlas. Tu credibilidad aumentará, así como tu confianza en ti mismo.

El primer paso en este proceso es evaluar tu capacidad. A continuación, puedes ejercer el control sobre tus autopercepciones. Permítame demostrarle cómo funciona esto. La gestión del tiempo es realmente la capacidad de ejercer control sobre los acontecimientos que ocurren en tu vida:

Dado que el tiempo es el medio a través del cual se producen los acontecimientos, puedes controlar tu tiempo controlando los acontecimientos de tu vida. Puedes ejercer el control sobre los acontecimientos de dos maneras:

1. Controlar la mezcla de eventos, es decir, qué eventos permites en tu vida; y Controlar la duración de cada acontecimiento, es decir, cuánto dura.

Para mantener la duración del evento bajo control, calcula el tiempo que esperas que te lleve y completa la tarea en menos tiempo del imaginado. Una estimación es un punto en el que tu comprensión de la complejidad de la tarea se encuentra con la comprensión de tu capacidad. El ejercicio de estimación te permite conocer tu capacidad.

Ser consciente de tu capacidad te permite gestionar las expectativas. Puedes trazar una línea que indique el alcance máximo al que puedes llegar.

¿Cuáles son sus normas autoimpuestas?

¿Qué esperan los demás de ti?

¿Son razonables sus expectativas?

Gestionar las expectativas y asegurarse de que se mantienen dentro de unos límites razonables es el primer paso hacia la gestión del tiempo. "Si no sabes a dónde vas, no sabrás cuándo llegas", dijo una vez Yogi Berra. Sin una expectativa, no serás consciente de tu rendimiento.

El siguiente paso es determinar la cantidad de tiempo disponible para las tareas. Esto permite crear listas de tareas manejables. Puede limitar la lista para incluir sólo los elementos que se ajustan al tiempo asignado. Esto le permitirá tachar elementos de su lista y aumentar su confianza.

Por ejemplo, hace unas semanas conocí a una mujer. Era una organizadora meticulosa que nunca realizaba nada si no estaba en su lista de tareas. Sin embargo, a menudo incluía todo y el fregadero de la cocina en esta lista. Nunca llegaba a completar los elementos de la lista, lo que le molestaba.

Le demostré la importancia de la estimación de las tareas, del tiempo y de asegurarse de que podía lograr lo que se proponía. Esto cambió su perspectiva y le infundió confianza.

Por último, una palabra de estimación: este es sólo el primer paso para gestionar las expectativas y conseguir un control firme de la demanda de su tiempo. Evite dejarse llevar por la estimación y perder más tiempo del necesario en esta actividad. No es imprescindible obtener una cifra exacta; bastará con una estimación aproximada.

CAPÍTULO 7

Gestión del tiempo y puntualidad.

Muchas personas se lamentan de su falta de tiempo. "Me faltó tiempo". "¡Estoy presionado por el tiempo!" El tiempo pasa y no vuelve. La gestión del tiempo le permite lograr mucho más de lo que normalmente lograría. La gestión adecuada del tiempo es esencial en casi todos los trabajos, especialmente los que implican factores humanos y riesgos asociados.

En una economía libre, el adagio "el tiempo es oro" es exacto, y tiene sentido comercial evitar el "tiempo de inactividad" causado por actos u omisiones negligentes.

La gestión del tiempo es vital para el crecimiento profesional. Debido al gran valor que se da al tiempo, existe una presión constante para evitar "perder el tiempo". Si tiene la sensación de haber malgastado el tiempo, la culpa no la tiene la falta de autodisciplina o la pereza, sino la falta de organización, la planificación ineficaz y las prácticas de trabajo ineficaces.

El concepto de gestión del tiempo echa para atrás a muchas personas; temen perder la espontaneidad y que sus días se vuelvan tan estructurados que se vuelvan aburridos. Otros temen que si gestionan su tiempo de forma más eficiente, lo que se traduce en un aumento del tiempo libre, se les pedirá que realicen tareas adicionales.

La gestión eficaz y eficiente del tiempo no significa volverse regimentado y aburrido. Implica recuperar el control de tu vida y entender cómo funcionas y las cosas que más te importan.

Gestionar el tiempo de forma eficaz puede ayudarte a sentirte más seguro y a gusto en el trabajo y en casa. Gestionar el tiempo de forma más eficaz no reducirá por arte de magia su carga de trabajo, pero le ayudará a llevar una vida más productiva.

¿Cómo se siente al cierre de una larga y exigente guardia de trabajo si su relevo no se ha presentado al servicio?

Estás agotado física y mentalmente, tu capacidad de atención ha disminuido y probablemente estés considerando volver a la comodidad y seguridad de tu hogar. Esperar el máximo rendimiento en este estado es precipitado.

Lo que se está desarrollando es un sistema propenso a los errores humanos. Estas condiciones dan lugar a situaciones peligrosas, como las que encuentran a diario los controladores aéreos o los operadores de VTS (servicio de tráfico marítimo).

Teniendo esto en cuenta, la puntualidad es un requisito. La puntualidad está fuertemente asociada a la gestión del tiempo, y a medida que nos volvemos más precisos en nuestras acciones en el trabajo y en la vida cotidiana, aprendemos a gestionar nuestro tiempo.

CAPÍTULO 8

Planificar lo inesperado.

La gestión del tiempo es algo más que aprovechar el tiempo en el presente y en el futuro. También tiene que ver con la planificación para evitar quedarse de brazos cruzados esperando a alguien. También supone asegurarse de que una emergencia no consuma por completo tu tiempo y tus esfuerzos.

La vida tiene la costumbre de sorprenderte independientemente de lo preparado y organizado que creas estar, y siempre existe la posibilidad de que hayas pasado por alto al menos una base.

Gestión del tiempo y preparación para emergencias.

En momentos como éste, debe confiar en sus planes de contingencia y determinar si funcionan en la práctica como esperaba. Los planes de contingencia deben ser concisos, pero lo suficientemente adaptables y flexibles como para tener en cuenta lo inesperado.

Con el "Covid" en las noticias y un posible brote generalizado, ahora es un excelente momento para hacer o revisar estos planes - pero también debe considerar otras catástrofes a las que pueda tener que hacer frente.

A menos que su negocio sea una empresa unipersonal, debe asegurarse de que puede funcionar eficazmente sin usted, lo que significa comprobar que puede funcionar eficazmente incluso cuando usted está presente.

Lo mejor sería que tuviera confianza en sus planes para garantizar la continuidad de las tareas esenciales. La prioridad debe ser que sus clientes no se sientan perjudicados: suelen tener el nivel de tolerancia más bajo.

Los planes de contingencia pueden adoptar muchas formas, pero suelen incluir una flexibilidad permanente: esto puede ser una excelente oportunidad para promover el uso eficiente de los activos y la gestión del tiempo.

¿Cómo funcionaría su empresa si usted o uno de sus empleados clave no estuviera disponible?

¿Cuál sería el efecto si perdiera el control total de sus instalaciones?

¿Ha pensado qué componentes son esenciales para su empresa y ha considerado fuentes de suministro alternativas?

¿Está usted suficientemente preparado?

¿Sus empleados estarían abandonados a su suerte y malgastarían su tiempo?

¿O sus empleados utilizarían su tiempo de forma provechosa, y lo harían de forma rápida, eficiente y eficaz?

Y lo que es peor, ¿le abandonarían sus clientes?

No limite sus planes de contingencia a la respuesta a la catástrofe, aunque esa debería ser su prioridad inmediata. Además, es prudente estar preparado para hacer frente a un aumento inesperado del negocio.

La catástrofe de otra persona puede suponer una oportunidad para ti, e independientemente de tu actitud hacia el aprovechamiento de las desgracias de los demás, su situación puede ser terminal o estar más allá de tu capacidad de ayuda. Si no aprovechas la oportunidad, es casi seguro que otra persona lo hará.

Un plan de contingencia completo y probado es una señal de gestión eficaz del tiempo. Incluso podría tratarse de asegurarse de que aprovecha al máximo esas oportunidades, junto con sus competidores. ¿Está usted preparado?

CAPÍTULO 9

Efecto de las llamadas en frío en la gestión del tiempo para los directores de ventas.

Aquí se destacan dos de las áreas de interés más relevantes para los directores de ventas. Para la mayoría, la llamada en frío es la principal fuente de generación de clientes potenciales.

Un día de trabajo típico incluye un tiempo considerable dedicado a la prospección en frío. Muchas organizaciones siguen utilizando el anticuado modelo de planificación de actividades que consiste en tomar su cuota y trabajar hacia atrás para determinar el número de llamadas en frío que debe realizar. A continuación, se asigna un tiempo en la agenda específicamente para realizar esas llamadas.

Los vendedores son únicos porque la mayor parte de su trabajo debe realizarse en horario comercial, cuando los clientes potenciales pueden reunirse o ser contactados de otra manera. Las llamadas en frío no pueden realizarse fuera del horario comercial. Las citas deben tener lugar durante el horario comercial habitual.

La presentación y el envío de propuestas deben tener lugar durante el horario comercial. Además, las reuniones de ventas obligatorias, las sesiones de formación y otras actividades de tipo corporativo tienen lugar en horario comercial, lo que complica la gestión del tiempo. La gestión del tiempo se convierte entonces en un problema importante que los vendedores deben superar.

Cuando se tiene en cuenta la cantidad de trabajo que debe realizar un vendedor para tener éxito -la prospección, el seguimiento, las reuniones de ventas, la redacción de propuestas, las reuniones individuales con el jefe, la formación obligatoria, la atención al cliente y las actividades de posventa-, a veces puede parecer imposible. Esto es especialmente cierto después de un mes de ventas sólido, cuando los problemas de servicio al cliente están en su punto álgido.

¿Qué debe hacer un jefe de ventas con exceso de trabajo?

¿Qué significa la prospección para la mayoría de la gente? Sin duda, dar un paso atrás y examinar el panorama general revela la única actividad que realmente consume la mayor parte del tiempo: sí, llamar a personas al azar con la esperanza de encontrar un prospecto cualificado.

Mi solución al problema de la gestión del tiempo es la siguiente: Simplemente ponerle fin. Sí, dejar inmediatamente de hacer llamadas en frío!

Soy consciente de que esta respuesta no será popular entre la mayoría de los directores de ventas y los veteranos del sector, pero funciona. Ese único cambio en mi actividad comercial catapultó mi carrera de ventas. Rápidamente me elevó al nivel de máximo productor, hasta el punto de que se corrió la voz de mi éxito.

Hay tres posibles explicaciones para esto. Para empezar, si está superando su cuota mediante llamadas en frío, es probable que esté perdiendo una cantidad significativa de su valioso tiempo. ¿Qué pasaría si pudieras recuperar ese tiempo y dedicarlo a estar cara a cara con prospectos altamente calificados que están dispuestos, listos y capaces de comprarte?

En segundo lugar, la llamada en frío es una actividad que no necesita apalancamiento. En otras palabras, sólo se puede contactar con una persona a la vez cuando se hace una llamada en frío. Se trata de un procedimiento lento e ineficiente. ¿Qué pasaría si pudieras implementar sistemas que generaran clientes potenciales por ti, más de uno a la vez, mientras estás fuera firmando contratos y cobrando cheques?

En tercer lugar, las estadísticas indican que la llamada en frío genera los contactos de menor calidad de todos los métodos de generación de contactos. La llamada en frío da lugar a índices de cierre significativamente inferiores a los de un sistema de generación de contactos de autocomercialización. Si se tienen en cuenta todos los factores mencionados anteriormente, queda claro que la llamada en frío es el peor método para generar clientes potenciales y una pesadilla para la gestión del tiempo.

Si quiere alcanzar los números de los mejores productores de élite, las llamadas en frío nunca funcionarán. Deje de llamar en frío y empiece a aprender y a formarse en sistemas y técnicas para generar clientes potenciales sin llamar en frío. No sólo aumentará significativamente sus ventas, sino que también resolverá sus problemas de gestión del tiempo!

CAPÍTULO 10

Priorización y gestión del tiempo.

Independientemente de cómo se aborde la gestión del tiempo, siempre existirán algunas limitaciones. Cada día tendrá veinticuatro horas asignadas. Hay que dormir, comer, mantener la higiene personal y realizar otras actividades "previas".

Siempre habrá más cosas que uno desee hacer de las que el tiempo le permita. Cuando uno considera esa colección de limitaciones, queda muy claro que la gestión eficaz del tiempo necesita una adecuada priorización.

Sin una priorización eficaz de las tareas, uno simplemente saltaría de una tarea a otra sin mucho orden ni razón. Esto no sólo sería muy ineficiente, sino que también dejaría algunas tareas importantes sin terminar.

Todos los expertos en gestión del tiempo afirman con vehemencia que hay que aprender a distinguir entre lo importante y lo trivial y priorizar las distintas tareas para facilitar la programación.

Hay algunos factores que hay que tener en cuenta a la hora de priorizar la lista de cosas que hay que hacer. Hay que tener en cuenta tres principios fundamentales de priorización.

En primer lugar, hay que dejar tiempo suficiente para atender aspectos importantes de la vida de uno que no están relacionados con el trabajo. Por ejemplo, el tiempo que se pasa con el cónyuge y/o los hijos entraría en esta categoría.

A la hora de establecer prioridades, hay que tener en cuenta la importancia de las cosas que dan un sentido más significativo a la vida. Algunos incorporarán el culto o verán la meditación como un componente necesario. Estas verdaderas prioridades son a menudo pasadas por alto inadvertidamente por quienes están preocupados por mantener sus negocios o su vida profesional, a menudo con efectos devastadores.

En segundo lugar, hay que distinguir entre lo esencial y lo significativo. Cada día, uno debe ocuparse de las tareas importantes (en relación con su trabajo). Estos son los tipos de proyectos que marcan la diferencia entre el éxito y el fracaso total o el declive significativo.

Cumplir con plazos estrictos, hacer crecer un negocio y prestar servicio al cliente son ejemplos de tareas que entran en esta categoría.

En tercer lugar, hay que estar dispuesto a dar prioridad a los artículos rápidos. Los artículos rápidos son aquellos que deben entregarse inmediatamente o en los próximos días. Aunque estas tareas pueden no ser tan cruciales como algunos trabajos importantes, su urgencia les confiere una mayor prioridad. Incluso cuando el problema es relativamente menor, el incumplimiento de los plazos y otros errores similares pueden afectar muy negativamente a una empresa.

Tenga en cuenta estas cosas cuando cree su lista de prioridades. Reservar tiempo para actividades no relacionadas con el negocio es una idea fantástica. Entender la diferencia entre una situación importante y una semi-importante también puede ser extremadamente beneficioso. Por último, reconocer tu deseo de completar los proyectos urgentes lo antes posible puede ayudarte a aliviar los dolores de cabeza.

La elección de las tareas que hay que priorizar suele ser el aspecto más difícil de la gestión del tiempo. Las decisiones pueden ser difíciles y frustrantes. Sin embargo, hay que tomarlas para lograr el éxito en la gestión del tiempo.

CAPÍTULO 11

Utilice el software de gestión de proyectos para planificar su proyecto y ahorrar tiempo.

Gestionar un proyecto es una tarea ardua, ya que requiere una atención constante a diferentes factores. Para gestionar un proyecto de forma eficaz, debe gestionar y coordinar muchas tareas de forma simultánea. Por lo tanto, debe planificar sus proyectos y maximizar la eficiencia de su tiempo utilizando un software de gestión de proyectos como herramienta principal para la gestión de proyectos.

Hoy en día hay muchas aplicaciones de software disponibles en línea. Nuestro software basado en la web incluye diferentes funciones útiles, como listas de tareas, hitos, colaboración, seguimiento del tiempo, comprobación de archivos, chat en tiempo real y uso compartido de archivos. Es fácil de usar y le ahorrará tiempo.

Utilizar este software para gestionar sus proyectos también le ayuda a estar más organizado. Este software proporciona el equivalente a tener un socio que le ayude con su trabajo. Puede utilizar un programa de gestión de proyectos para aliviar parte de su carga de trabajo y ahorrar tiempo. La planificación se considera el primer y más importante paso de cualquier proyecto.

Sin una planificación adecuada, corre el riesgo de encontrarse con muchos problemas, como el fracaso del proyecto o el aumento de su coste y presupuesto. Por lo tanto, es esencial crear un plan exhaustivo utilizando un software de gestión de proyectos; esto le ayudará a trabajar dentro de su presupuesto y, en última instancia, a reducir el coste del proyecto.

Utilizar un software en línea le permite comunicarse fácilmente con su equipo y sus clientes situados en cualquier parte del mundo y en cualquier momento. Esta herramienta de software le permite acceder a los datos e información del proyecto desde cualquier lugar del planeta.

Gracias al software de gestión de proyectos, la comunicación y la colaboración en el proyecto se vuelven mucho más manejables y pueden producirse en tiempo real. La colaboración en línea y la gestión de archivos se simplifican para los equipos.

Le ayudará a crear un entorno de trabajo agradable, que mejorará la comunicación de su empresa.

Este software es una compra única que le permite ahorrar mucho más que el coste real del software a lo largo del tiempo. Muchas empresas ofrecen este tipo de software en línea. Debe examinarlas cuidadosamente y elegir la que mejor se adapte a sus necesidades.

Un software eficaz contribuye a la finalización con éxito de un proyecto. Muchos profesionales de grandes y pequeñas empresas y corporaciones utilizan software de gestión de proyectos para gestionar sus proyectos y ahorrar tiempo, dinero y esfuerzo.

CAPÍTULO 12

Gestión del tiempo para directivos y empleados.

De vez en cuando, alguien de mi lista me hace una pregunta sobre la gestión del tiempo de los directivos, y la verdad es que hay poca diferencia entre éstos y los empleados. Sin embargo, como los directivos son responsables del trabajo de otros, hay algunas áreas en las que difieren:

La gestión del tiempo de los demás, la delegación y la planificación excesiva (aunque recomiendo que todo el mundo lo haga). Los directivos deben centrarse esencialmente en el sistema en el que operan (es decir, la empresa y el personal que dirigen) y en cómo maximizarlo al máximo.

La gestión del tiempo de los demás es el primer aspecto en el que difiere la gestión del tiempo de los directivos. A diferencia de los empleados, los directivos son responsables de la calidad y la puntualidad del trabajo de sus subordinados. Por lo tanto, ¿cómo se logra este?

Para empezar, tendrá que determinar qué tareas deben completarse y cuándo. En segundo lugar, tendrá que entender a sus empleados (sí, individualmente): ¿son el tipo de personas a las que se les puede decir que hagan algo. Establecerán sus hitos y cumplirán a tiempo, o tienes empleados que necesitan una lista de tareas con plazos claros para completar mientras son excelentes en su trabajo?

Dependiendo del tipo de personal con el que cuente, el grado de gestión de su tiempo variará. Un buen planteamiento es trazar un mapa de todas las tareas que hay que completar durante el próximo mes y determinar cuánto tiempo necesita cada actividad.

A continuación, se trata simplemente de distribuirlo entre el personal encargado de completarlo. La delegación resulta útil en este punto. Una vez más, para delegar es necesario conocer a los empleados y saber a quiénes se les debe asignar cada tarea.

Por ejemplo, si tiene dos empleados que destacan en los proyectos más largos y complejos, puede asignarles las tareas más críticas a largo plazo y delegar el trabajo de apoyo en el resto de los empleados. La mayoría de ellos estarán contentos con este arreglo porque siempre sabrán lo que tienen que hacer.

He descubierto que a la mayoría de los individuos les gusta que les digan lo que tienen que hacer en lugar de crear o gestionar las cosas desde cero. Por eso hay tantos trabajadores y tan pocos empresarios de éxito.

Además, puede delegar las tareas menos importantes a largo plazo en otros empleados: de este modo, las tareas más importantes son realizadas por los mejores para el trabajo, mientras que el resto del equipo se encarga de las tareas menos importantes.

Si todo falla, siempre puede asignar las tareas menos importantes a un miembro del equipo que destaque en la realización de tareas más largas después de completar las más importantes. O puede intervenir y completar la tarea usted mismo; sin embargo, puede descubrir que al asignar a sus empleados menos valorados un proyecto más grande, estarán a la altura de las circunstancias.

Aunque es importante reconocer y explotar las habilidades actuales de tus empleados, les haces un flaco favor si los confinas a una caja. Por lo tanto, al asignar de vez en cuando tareas desafiantes a los individuos para probar si pueden hacerlas, puede descubrir que su equipo es más sustancial de lo que cree!

El pesimista vuelve después de ese optimismo: asegúrese de que usted y su personal planifican el tiempo en exceso. Esto proporcionará un colchón de tiempo en caso de que algo vaya mal.

Por ejemplo, si uno de tus mejores empleados está trabajando en una presentación importante, nunca es mala idea asignarle un plazo antes de la fecha de entrega. Si es posible, incluye una explicación de la fecha límite, como que el proyecto es tan importante que has reservado una reunión con una semana de antelación para discutir y perfeccionar la presentación.

Sin embargo, para ser sincero, este método funciona excepcionalmente bien con el trabajo. De hecho, yo empleo este método para asegurarme de que termino las tareas (tanto personales como profesionales) a tiempo, en lugar de procrastinarlas hasta el día anterior a su vencimiento.

CAPÍTULO 13

Consejos para ayudar a los directivos a gestionar su tiempo de forma más eficaz.

Si usted es el director de la empresa, es casi seguro que tiene un plato enorme lleno de responsabilidades. A veces tiene la sensación de que le tiran de muchas direcciones simultáneamente, sin tiempo suficiente para completarlo todo.

Debe saber cómo gestionar su tiempo para completar sus tareas importantes de forma eficaz. Si tiene dificultades para gestionar su tiempo, este capítulo le proporcionará algunos consejos para ayudarle a mejorar.

La eficiencia en la gestión del tiempo es importante para cualquier directivo. Un directivo que gestiona eficazmente su tiempo siempre tendrá una ventaja sobre la competencia. El objetivo de la gestión del tiempo es maximizar tu productividad, no restringirte o limitarte.

Un buen gestor suele estar ocupado y debe dar importancia a la gestión del tiempo. Las siguientes directrices deberían ayudar a los directivos a gestionar su tiempo de forma más eficaz:

1. Cree una estrategia de gestión del tiempo. Recuerda que eres el responsable de tu negocio/departamento y que eres consciente de las tareas que tienes que realizar. Siéntate y evalúa tus actividades diarias típicas y cómo podrías mejorar tu eficiencia.

2. Tomar notas. Es algo sencillo que todos podemos hacer para simplificar nuestra vida. Por la noche, anota las actividades importantes para el trabajo del día siguiente. A medida que vayas completando las actividades, táchalas de la lista y desplázate hacia abajo.

3. Establezca objetivos diarios, semanales y mensuales que sean específicos. Establezca objetivos

que no sean ni demasiado fáciles ni demasiado difíciles. Ser ambicioso pero no odioso.

4. Establezca prioridades. Tómate el tiempo necesario para priorizar tus tareas. La regla del 80/20 es una guía perfecta para seguir. Identifica el 20% de las tareas más importantes y priorízalas completando las primeras o asignando un bloque de tiempo firme durante el día para realizarlas.

5. Elimine los residuos. Determina cuándo no eres productivo o pierdes el tiempo durante el día y toma medidas para eliminarlos. Si tienes que reunirte con tu jefe, y éste tiene fama de llegar tarde, programa tus tareas rutinarias antes de la reunión para evitar quedarte sin hacer nada.

6. Sea adaptable. Como jefe que dirige a sus subordinados, debe dar prioridad a sus necesidades y preocupaciones. Establezca una rutina; quizás designe una hora específica durante el día para que se dirijan a usted sobre diversos asuntos. Proporcióneles indicaciones en los casos en que tengan un problema urgente que requiera atención inmediata.

7. Aumente su delegación. Demasiados directivos asumen un exceso de trabajo como consecuencia de la presión de sus compañeros. Normalmente, entrenar a un subordinado para que realice una tarea libera su tiempo para centrarse en tareas más críticas. Cuando se hace correctamente, los asociados apreciarán su confianza en ellos y se esforzarán por completar la tarea sin problemas.

8. Invierta en el uso eficaz de herramientas de gestión del tiempo. Hay diferentes opciones de software disponibles que son excelentes para mantenerte en el camino.

9. Desarrollar la capacidad de decir "no" a la gente. Un buen gestor del tiempo debe mantener la concentración en sus prioridades y evitar dejarse llevar por las distracciones. Su principal prioridad no debe ser complacer a los demás. Además, si les da una breve explicación, deberían comprender.

10. Desarrolle la capacidad de delegar. Aunque algunas tareas son exclusivas de usted, otras pueden

delegarse. Si lo haces, liberarás una cantidad importante de tiempo para hacer lo que sólo tú puedes hacer.

11. Examine los procesos y procedimientos de su empresa.

¿Tiene alguna tarea o actividad que le consuma mucho tiempo y que pueda racionalizar?

¿Existen oportunidades para racionalizar sus procesos o eliminar los procedimientos redundantes que no aportan valor a la organización? Si es así, haz esos cambios inmediatamente y observa cómo mejoran tu gestión del tiempo.

12. Prepárate para el día siguiente. Para algunos directivos, esto implica planificar el día siguiente, la noche anterior. Para otros, supone planificar una semana o incluso un mes. Por ejemplo, si tienes que asistir a una reunión en un lugar distinto al de tu oficina, ¿necesitas indicaciones para llegar allí?

O, si es necesario hacer un inventario de los artículos actualmente almacenados, ¿tiene programado suficiente personal para completar el trabajo rápidamente? Los pequeños detalles, que fácilmente se pasan por alto, pueden marcar la diferencia en la gestión del tiempo.

13. Márcate objetivos diarios. Los objetivos deben ser alcanzables y realistas. Prioriza y completa las tareas con una fecha límite próxima; organiza tus tareas y prioriza las actividades esenciales que deben completarse en primer lugar; de lo contrario, revolotearás de una tarea a otra sin lograr mucho. La gestión eficaz del tiempo consiste en planificar, priorizar y organizar tus pensamientos y energía para completar las tareas.

Como puede ver, la gestión del tiempo para directivos no tiene por qué ser complicada; puede ser bastante sencilla de aplicar. Ponga en práctica estas ideas hoy mismo y notará inmediatamente una mejora en su gestión del tiempo.

Hay demasiados directivos con escasas habilidades de gestión del tiempo. Seguir estas sencillas pautas puede ayudarle a llevar sus habilidades de gestión al siguiente nivel.

CONCLUSIÓN

En un puesto directivo, hay personas que esperan de ti liderazgo y orientación, y otras que cuentan con que cumplas. Esto significa que probablemente tienes muchas cosas que hacer, y tus acciones tienen un efecto dominó en muchas personas.

En consecuencia, hacer el esfuerzo de aprender a gestionar el tiempo para directivos puede beneficiar a su empresa, a su vida personal y a la de sus compañeros de trabajo.

Cuando empiece a investigar la gestión del tiempo para directivos, lo primero que descubrirá es que probablemente esté perdiendo mucho más tiempo del que cree. Aunque pueda parecer que está ocupado cada minuto del día, la realidad es que gran parte de su tiempo se pierde. Si establece objetivos diarios, semanales y a largo plazo, podrá trabajar más eficazmente para conseguirlos.

Mucha gente cree que la gestión del tiempo para los directivos consiste en lograr más en menos tiempo, pero no es así. Los empresarios quieren que usted sea feliz porque eso significa que tratará mejor a sus empleados. Es más fácil trabajar con empleados felices y productivos, y éstos realizarán más trabajo.

Normalmente, un calendario funcional es lo primero que necesitará después de inscribirse en la gestión del tiempo para directivos. Aunque mucha gente mantiene sus calendarios en sus teléfonos u ordenadores, tener un calendario en papel no es en absoluto una mala idea. Ver lo que tienes por delante y hacer cambios rápidamente puede ayudarte a gestionar tu tiempo de forma más eficaz.

Si tienes suerte, tu empresa te enviará a un curso de gestión del tiempo para directivos; de lo contrario, puede que tengas que encontrar uno por tu cuenta. Si este es el caso, eres bastante afortunado porque puedes elegir entre muchos disponibles en línea.

Además, hacer un curso en línea elimina la necesidad de asistir a clase, viajar a un curso o quitarle tiempo a su apretada agenda. Los cursos en línea le dan la flexibilidad de aprender cuando esté preparado y tenga tiempo.

Si ha pensado en tomar un curso de gestión del tiempo, ahora es el momento. De hecho, cuanto más se retrase, más tiempo se perderá.

Estas habilidades fundamentales le permitirán utilizar mejor su tiempo, ser más productivo, tener menos prisa y dejar de procrastinar tanto como lo hace ahora. Todos estos factores contribuirán a su éxito, productividad y felicidad a largo plazo como directivo.

Gracias por leer.

www.ingramcontent.com/pod-product-compliance
Lightning Source LLC
Chambersburg PA
CBHW070125230526
45472CB00004B/1418